RELATOS
DE LA BIBLIA
PARA NIÑOS

editores mexicanos unidos, s.a.

D. R. © Editores Mexicanos Unidos, S. A.
Luis González Obregón 5, Col. Centro,
Cuauhtémoc, 06020, D. F. Tels. 55 21 88 70 al 74
Fax: 55 12 85 16
editmusa@prodigy.net.mx
www.editmusa.com.mx

Diseño de portada: Arturo Rojas Vázquez
Formación y corrección: Equipo de producción de
Editores Mexicanos Unidos

Miembro de la Cámara Nacional
de la Industria Editorial. Reg. Núm. 115.

1a edición: Junio de 2005
4a reimpresión: Enero de 2012

ISBN (título)   978-968-15-1250-7
ISBN (colección) 978-968-15-0801-2

Impreso en México
Printed in Mexico

RELATOS
DE LA BIBLIA
PARA NIÑOS

editores mexicanos unidos, s.a.

ANTIGÜO TESTAMENTO

La creación del mundo

| Génesis 1-2 |

ue Dios quien creó los cielos y la tierra. En un comienzo, la tierra estaba vacía y sin forma. La oscuridad reinaba en todas partes y el espíritu de Dios se movía sobre las aguas.

Entonces Dios dijo: "Hágase la luz". Y la luz se hizo.

Dios vio que la luz era buena y la separó de la oscuridad. A la luz la llamó Día y a la oscuridad la llamó Noche. Esto sucedió el primer día.

Al día siguiente Dios dijo: "Que haya cielo en medio de las aguas".

Y apareció el firmamento para separar las aguas de las nubes de las de los mares.

Luego Dios dijo: "Que se reúnan las aguas bajo el cielo y que aparezca la tierra seca". Dios llamó Tierra a la parte seca y a las aguas las llamó Mares. De la tierra surgieron árboles, pastos y plantas. Esto tuvo lugar el tercer día.

Al cuarto día, Dios hizo que apareciera el sol para iluminar el día, y la luna y las estrellas para alumbrar la noche.

El quinto día Dios dijo: "Que haya infinidad de animales sobre la tierra, que en los aires vuele todo tipo de aves y que las aguas se llenen de peces y otras criaturas vivientes".

Y fue así como aparecieron los delfines y los tiburones, los caballitos de mar y las inmensas ballenas surcando las olas; en los

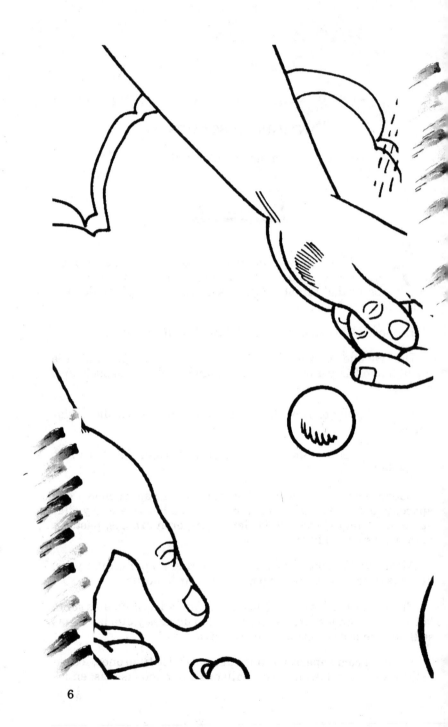

árboles trinaron los ruiseñores y los colibríes hundieron su pico abanicando las flores; en la tierra hubo ratoncitos y elefantes, saltamontes y caracoles, los corderos balaron y rugieron los leones.

Al día siguiente, Dios se dijo: "Hagamos ahora al hombre a nuestra imagen y semejanza para que tenga poder sobre los peces, las aves y sobre todo lo que se mueve en la tierra."

Y de este modo fue que el hombre y la mujer fueron creados a imagen de Dios. Después de bendecirlos, les dijo: "Ahora tengan hijos y habiten la tierra."

"Y las plantas y los frutos de los árboles que hay en la tierra les servirán de alimento". Esto sucedió durante el sexto día.

El séptimo día, al ver que los cielos y la tierra estaban terminados y llenos de vida, Dios descansó. Luego bendijo este día y lo santificó ya que en él había descansado de cuanto había creado y hecho.

Dios había formado al hombre del polvo de la tierra y luego sopló en él el aliento de la vida.

Dios llamó al primer hombre Adán, porque había sido formado de la tierra.

El jardín del Edén

Génesis 2-3

*D*ios creó un jardín sumamente hermoso en Edén, regado por riachuelos y cascadas de cristalinas aguas. En él crecían flores multicolores cuyos dulcísimos perfumes embalsamaban el aire. Había también innumerables árboles cargados de frutos exquisitos y, en medio del jardín, se hallaban el árbol de la vida y el árbol de la ciencia del bien y del mal.

Dios puso al hombre en el jardín del paraíso para que lo cuidara, pero le advirtió: "Puedes comer de todos los árboles que hay aquí, menos del árbol de la ciencia del bien y del mal, pues el día que comas de él, morirás".

Después trajo Dios ante el hombre a los pájaros del cielo y a los animales de la tierra para decirle cómo se llamaría cada uno. Fue así como cada criatura viviente recibió un nombre.

Luego dijo Dios: "No es bueno que el hombre esté solo, así que encontraré una compañera para él". Entonces lo hizo dormir profundamente y de una de sus costillas formó Dios a la mujer. Al despertar, el hombre exclamó:

—Ella es hueso de mis huesos y carne de mi carne, y se llamará mujer.

Por eso el hombre dejará a su padre y a su madre, y él y su mujer se volverán una sola carne. Ambos estaban desnudos, pero no sentían vergüenza.

La serpiente era la criatura más astuta que Dios había creado y un día le preguntó a la mujer:

—¿Les ha prohibido Dios comer los frutos de los árboles?

La mujer respondió:

—Podemos comer de todos ellos, menos del árbol de la ciencia del bien y del mal, pues Dios nos ha dicho que moriremos si lo hacemos.

—No morirán —dijo la serpiente—. Les prohibió comer su fruto, pues al hacerlo sus ojos se abrirán con el conocimiento y entonces serán tan sabios como Dios, al distinguir entre el bien y el mal.

La mujer vio que la fruta era apetitosa. Ella deseaba ser sabia, así que la tomó en sus manos y le dio un mordisco. Luego se la dio a Adán y él también comió.

Al instante sus ojos se abrieron y notaron que estaban desnudos. Llenos de vergüenza, se cubrieron con hojas de higuera y luego se escondieron entre los árboles.

Dios llamó a Adán: —¿Has comido de la fruta prohibida?

–La mujer me la dio –dijo Adán–, y yo la comí.

Dios le preguntó a la mujer que por qué lo había hecho. Ella respondió: –La serpiente me engañó y comí la fruta.

Dios se dirigió a la serpiente: –Por haber hecho esto, te moverás arrastrando el vientre en el polvo todos los días de tu vida. La mujer será tu enemiga, y sus hijos serán enemigos de tus hijos por siempre.

Luego le dijo Dios a la mujer: –Tus sufrimientos se multiplicarán y darás a luz a tus hijos en medio del dolor.

Y a Adán le habló así: –Por haber comido la fruta prohibida, se irán para siempre del jardín del paraíso. De ahora en adelante tendrán que trabajar para que la tierra dé fruto. Con el sudor de tu frente comerás el pan hasta que vuelvas a la tierra, pues de ella has sido formado. Polvo eres y al polvo volverás.

Entonces Dios los vistió con pieles y, a fin de que no comieran nunca del árbol de la vida, pues al comer de él vivirían para siempre, los expulsó del jardín del Edén.

Caín y Abel

Génesis 3-5

Adán llamó Eva a su mujer por ser la madre de todos los seres humanos. Después ambos tuvieron dos hijos: Caín y Abel.

Caín cultivaba la tierra y Abel era pastor. Un día, Caín llevó algunos de los frutos que había cosechado como ofrenda a Dios. Por su parte, Abel llevó el mejor y más gordo de sus corderos.

Dios quedó complacido con la ofrenda de Abel, pero no con la de Caín, por lo que éste se enfureció y andaba cabizbajo, así que Dios le preguntó:

–¿Por qué estás tan enojado? Si obraras bien, caminarías con la cabeza en alto. Pero si no obras bien, estarás tentado a hacer el mal. Debes controlar tu ira.

Caín lo oyó, pero no respondió. Más tarde le pidió a su hermano que fuesen juntos al campo. Una vez allí se volvió contra Abel y lo mató.

El Señor preguntó a Caín: –¿Dónde está Abel?

–No lo sé –respondió Caín–. ¿Acaso soy el guardián de mi hermano?

–¿Qué has hecho? –exclamó Dios–. La tierra grita pues has matado a tu hermano. De ahora en adelante, aunque labres la tierra, ésta no producirá ningún alimento para ti. Serás un vagabundo todos los días de tu vida.

Entonces Caín le dijo a Dios: –La culpa que siento es mi peor castigo. Andaré errante por la tierra y el que me encuentre seguramente me matará por lo que he hecho.

–Nadie lo hará –dijo Dios–. Te pondré una señal para que nadie te hiera.

Entonces Caín se dirigió a la tierra de Nod. Ahí se casó y tuvo un hijo llamado Enoc.

Mientras tanto Eva tuvo otro hijo al que pusieron por nombre Set. Después tuvieron otros hijos e hijas quienes, a su vez, tuvieron sus propios hijos. De este modo, muchas generaciones descendieron de Adán y Eva.

En la novena generación nació Noé.

Noé y el arca

Génesis 5-9

*E*n los tiempos en que vivió Noé, la gente se había vuelto tan mala que Dios se llenó de tristeza, ya que Él los había creado. El único hombre que actuaba con rectitud era Noé, quien tenía tres hijos: Sem, Cam y Jafet.

Dios le dijo a Noé que destruiría a todas las personas porque la maldad reinaba sobre la tierra. De hecho, toda criatura viviente moriría en una gran inundación. Pero Dios hizo un pacto con Noé:

Si tú y tu familia desean salvarse, deben construir un arca. Cuando llegue el diluvio entrarán en ella. Lleva contigo una pareja de animales de cada especie y suficiente alimento para tu familia y para las criaturas que salves.

Noé y sus hijos hicieron lo que el Señor les había ordenado y cuando la embarcación estuvo terminada todos entraron en ella.

Entonces comenzó a llover torrencialmente durante cuarenta días y cuarenta noches. Las aguas se fueron elevando y cubrieron incluso las montañas más altas.

Todas las criaturas que había sobre la tierra se ahogaron. Sólo los que iban en el arca pudieron salvarse.

Finalmente Dios hizo que la lluvia cesara, y fue así como después de ciento cincuenta días el arca se posó sobre la montaña de Ararat. Dios habló entonces con Noé:

—Sal ahora del arca con tu esposa, tus hijos y las esposas de tus hijos y saquen a los animales para que puedan multiplicarse y alimentar a sus crías sobre la tierra.

Noé construyó un altar a Dios, le hizo ofrendas y le dio las gracias.

Dios estuvo complacido y prometió que nunca más cubriría la tierra con una inundación. También prometió que en tanto la tierra perdurara, habría siempre verano e invierno, calor y frío, día y noche, tiempo de sembrar y tiempo de cosechar. Luego bendijo a Noé y a su familia y les dijo: —Vayan en paz y tengan hijos para que la tierra se pueble de nuevo.

Entonces Dios hizo que en el cielo apareciera un arco iris como signo de la alianza entre Él y los pueblos de la tierra.

La torre de Babel
Génesis 10-11

Noé tuvo muchos descendientes, los cuales tenían un solo idioma y se comprendían fácilmente. Se dirigieron hacia el Oriente hasta llegar a la llanura de Senaar. Allí decidieron construir una torre de una altura tan inmensa que alcanzara el cielo. "De ese modo —se dijeron— nos haremos famosos para siempre".

Al verlos, Dios pensó: "Estos hombres están llenos de orgullo. Si logran construir una torre que llegue hasta el cielo, no habrá nada que no puedan hacer. Yo haré que cada uno hable un idioma distinto para que no puedan entenderse unos a otros y serán, por tanto, incapaces de terminar la torre".

El nombre de este lugar se llamó Babel pues fue allí donde el habla se volvió confusa.

De esa manera el Señor hizo que la gente se dispersara sobre la tierra y que en cada lugar se hablara un idioma distinto. Y fue así como los descendientes de Noé se convirtieron en las distintas naciones del mundo.

Abraham

Génesis 11-21

*E*n el país de Jarán vivió un hombre llamado Abraham, quien era descendiente de Sem, el hijo de Noé. Un día Dios le dijo a Abraham:

—Deja tu patria y la casa de tu padre y ve a una tierra que yo te mostraré. Te convertiré en el padre de un gran pueblo, engrandeceré tu nombre y siempre te bendeciré.

Entonces Abraham y su esposa Sara reunieron sus bienes y sus rebaños y se dirigieron hacia Canaán. Al llegar allí, construyó Abraham un altar y bendijo el nombre del Señor.

La palabra de Dios llegó a Abraham para prometerle grandes recompensas. "Mi mayor recompensa —dijo Abraham— sería tener un hijo, pues no tenemos ninguno".

—Tendrás un hijo —respondió el Señor—. Mira al cielo y cuenta, si puedes, las estrellas; así de numerosa será tu descendencia, y esta tierra de Canaán les pertenecerá.

Pasaron diez años y Sara y Abraham aún no tenían hijos. Cuando Abraham cumplió noventa y nueve años y Sara noventa y cuatro, el Señor apareció ante él y le dijo:

—Soy Dios Todopoderoso. Sigue mi camino y haz el bien. Tú serás el padre de numerosas naciones. Haré mi alianza contigo y la mantendré por siempre con tus descendientes. Seré su Dios como soy tu Dios.

Abraham creyó en la palabra del Señor. Y, a pesar de su vejez, al siguiente año Sara tuvo un hijo al que dieron el nombre de Isaac.

Tiempo después, quiso Dios probar la fe y la confianza de Abraham en Él y le ordenó:

—Toma a tu hijo Isaac, a quien tanto amas, y ofrécemelo en sacrificio en un lugar que yo te indicaré.

A la mañana siguiente y con el corazón deshecho, Abraham llevó a Isaac y a dos de sus sirvientes consigo. Cortaron leña para una hoguera, cargaron un burro y partieron.

Al llegar cerca del sitio que Dios le había señalado, Abraham le ordenó a los sirvientes que esperaran allí, mientras él y su hijo iban a orar.

Al llegar al lugar que Dios le indicara, Abraham construyó un altar, colocó la leña, puso sobre ésta a Isaac y fue por su cuchillo.

En ese momento, el ángel de Dios le gritó:

—¡Aguarda, Abraham! No le hagas nada. Ahora sé que verdaderamente crees en Dios, pues estabas decidido a sacrificar a tu único hijo, a quien amas con toda el alma. Por ello el Señor te colmará de bendiciones. Tus descendientes serán tantos como estrellas hay en el cielo y arenas en el mar.

Entonces Abraham e Isaac volvieron con los sirvientes y regresaron a casa.

17

José y sus hermanos

Génesis 37-40

José era hijo de Jacob y Raquel y era el preferido de su padre por haber nacido cuando él era ya un hombre viejo. Un día Jacob le regaló una hermosa túnica, de calidad muy superior a las que vestían sus hermanos. Cuando éstos vieron que su padre lo amaba más que a todos ellos, se llenaron de envidia.

Una noche José tuvo un sueño y al contárselo a sus hermanos, éstos se enfurecieron y se pusieron más celosos que nunca.

José les narró su sueño de esta manera:

—Estábamos en el campo atando montones de trigo; el mío se quedó derecho mientras los de ustedes lo rodeaban y se inclinaban ante él.

Sus hermanos preguntaron: —¿Significa eso que tú nos gobernarás? Y odiaron a José.

Un día en que sus hermanos habían ido a alimentar a unos rebaños sin José, su padre lo envió a reunirse con ellos. Al verlo llegar empezaron a hacer planes en su contra.

—Aquí viene José, el soñador —dijo uno—. ¿Por qué no lo matamos y después lo echamos en un pozo viejo? Podemos decir que un animal salvaje lo mató.

Rubén, el hermano mayor, replicó: —No lo maten, sólo arrójenlo dentro. Rubén sentía lástima por José y su intención era volver a rescatarlo más tarde.

Al acercarse José, le arrancaron la túnica y lo empujaron para que cayera dentro de un pozo.

Justo en ese momento pasó una caravana con mercaderes y camellos que llevaban bienes a Egipto.

Judá vio la caravana y dijo: —No nos servirá de nada matar a José. Sería mejor venderlo a esos mercaderes para que se lo lleven a Egipto. De ese modo nos libraremos de él.

Todos estuvieron de acuerdo, así que lo vendieron por veinte monedas de plata.

Rubén no había visto a los otros vender a José y cuando llegó ante el pozo para rescatarlo, se asustó.

Antes de regresar a casa esa tarde, los hermanos mataron una cabra. Luego mancharon la túnica de José con la sangre del animal, le llevaron la prenda a Jacob y le preguntaron: —¿es ésta la túnica de José?

Al verla, Jacob afirmó: — Sí, ésta es. ¡Pobre hijo mío! Una bestia salvaje debe haberlo matado.

Entonces Jacob se lamentó por su hijo, lloró durante muchos días y no había modo de aliviar su dolor.

En Egipto José fue vendido a Putifar, un oficial del faraón, del cual recibió un buen trato y pronto se convirtió en el administrador de todos sus bienes.

José era ahora un hombre muy atractivo y la esposa de Putifar se enamoró de él y le coqueteaba a cada momento. José no la amaba y no le hacía caso pues no deseaba traicionar a su amo.

Furiosa por su indiferencia, la esposa de Putifar decidió vengarse y una noche, cuando su esposo regresó, le dijo que José había intentado abusar de ella. Putifar creyó la mentira de su mujer y mandó encarcelar a José.

Pero José contaba con la protección del Señor. Le simpatizó al jefe de la prisión, quien lo puso a cargo de los demás prisioneros. Éstos le contaban sus sueños y José los interpretaba tan bien que pronto su fama creció.

Un día el faraón tuvo el siguiente sueño: se encontraba cerca del río cuando vio salir de él a siete vacas hermosas y muy gordas, seguidas de otras siete muy flacas y feas, las cuales se comían a las primeras. Al faraón le preocupó mucho este sueño que ni sus sabios ni sus mejores adivinos podían explicar. Habiendo llegado hasta sus oídos la fama de José, decidió enviar por él y le contó lo que había soñado.

José le dijo que las vacas gordas y hermosas significaban siete años de gran abundancia, mientras que las flacas y feas simbolizaban siete años de hambre. En otras palabras, durante siete años habría abundantes cosechas seguidas de otros siete de sequía en los que no habría nada qué comer. Así que le aconsejó que administrara con mucha sabiduría sus recursos a fin de que su pueblo pudiera sobrevivir en los malos tiempos.

Al faraón le agradó mucho su interpretación, así que tomó su anillo real, lo puso en la mano de José y le dio el cargo de primer ministro.

José supo ser un gran administrador y se ganó el cariño de todo el pueblo. Cuando vinieron los malos tiempos, todos los países vecinos pasaron hambre, menos Egipto.

Gente de todas partes venía a Egipto a comprar trigo a José, pues el hambre era grande en toda la tierra. Viendo Jacob que había trigo en aquel país, envió a sus hijos allá, menos a Benjamín, el menor, por temor de que le pasara algo.

Al llegar a Egipto, los diez hermanos se dirigieron a palacio. Allí se arrodillaron ante José. En cuanto los vio, José los reconoció, pero ellos no lo reconocieron a él. Al no ver a Benjamín y deseando averiguar si el pequeño aún vivía, José los acusó de espías, encarceló a Simeón y les dijo a los otros nueve que si no volvían con Benjamín, Simeón pagaría las consecuencias.

Así que regresaron con su padre y le contaron todo lo que había sucedido. Éste los dejó partir con el pequeño y volvieron a Egipto.

Al ver a Benjamín, José se puso muy contento y le ordenó a su mayordomo que les sirviera una abundante comida y los llevara después a descansar a su casa.

Durante varios días, José sometió a sus hermanos a diversas pruebas hasta que, no pudiendo fingir ya más, les dijo quién era con lágrimas en los ojos y les preguntó si su padre aún vivía. Pero sus hermanos no pudieron contestarle, pues se llenaron de terror ante él. José les pidió que se acercaran y habló con ellos:

—Sí, yo soy José, el hermano a quien ustedes vendieron. Pero no se aflijan ya que gracias a eso, Dios me trajo aquí donde el faraón me hizo gobernador de todo Egipto para salvación de muchísima gente. Yo los perdono de todo corazón.

Entonces, llorando, todos se abrazaron a él.

José mandó traer a su padre. En cuanto lo vio, le echó los brazos al cuello y lloró largo tiempo sobre su hombro. Jacob le dijo a José:

Ahora ya puedo morir en paz, pues he visto tu rostro amado y vives todavía.

Moisés

Éxodo 1-2

*J*acob se quedó a vivir en Egipto junto con sus hijos y sus nietos. Con el paso del tiempo se fueron multiplicando hasta que llegaron a ser muy numerosos. Los egipcios temían que su poder creciera y un día se levantaran en su contra, por lo que el faraón les quitó la libertad y los obligó a realizar los trabajos más pesados.

Los egipcios despreciaban a los hebreos o israelitas y los convirtieron en sus esclavos. Pero el número de israelitas seguía aumentando, de modo que el faraón ordenó a su pueblo que debía darse muerte a cada niño hebreo que naciera.

En ese tiempo una mujer israelita tuvo un hermoso bebé, al que ocultó hasta que tuvo tres meses de edad. Entonces impermeabilizó una canasta, puso en ella a su hijo y la depositó en el río Nilo para que la corriente se lo llevara. Mandó a su hija, llamada Miriam, que corriera por la orilla del río a fin de ver a dónde llegaba.

Al ir a bañarse en el río, la hija del faraón vio la canasta. Cuando la abrió, el bebé lloró. Miriam se acercó entonces y le preguntó:

—¿Quiere que busque una nodriza para que alimente al bebé por usted?

La hija del faraón estuvo de acuerdo y Miriam trajo a su propia madre para que lo cuidara.

Cuando creció, el niño se fue a vivir al palacio con la hija del faraón. Ella lo amó como si fuera su propio hijo y le puso por nombre Moisés, que significa "salvado de las aguas".

Siendo ya un hombre joven, un día Moisés salió a los campos y vio trabajar a su pueblo. Al observar la crueldad con que un egipcio golpeaba a un israelita, Moisés lo mató y después escondió el cuerpo. Al enterarse de ello, el faraón lo mandó buscar, pero Moisés se había ido a vivir a Madián.

El sacerdote de esta ciudad tenía siete hijas, las cuales se encargaban de llevar agua del pozo para que bebiera el rebaño de su padre. Un día encontraron a Moisés sentado allí y éste les ayudó a cargar el agua. Después le contaron lo sucedido a su padre, quien les dijo que invitaran al egipcio a comer con ellos.

Moisés comió con ellos y se quedó a vivir en su casa. Tiempo después, el sacerdote Jetró le dio como esposa a su hija Séfora. Ella tuvo un hijo al que Moisés llamó Gerson, que significa "extraño", pues dijo:

—Soy un extraño en una tierra extraña.

23

La zarza ardiente
Éxodo 2-7

Un día Moisés estaba cuidando los rebaños de su suegro Jetró cuando, al llegar al pie del monte Horeb, vio arder una zarza. La planta ardía pero sin destruirse y Moisés la observó maravillado.

Luego oyó una voz que lo llamaba desde la zarza:

—¡No te acerques más! —dijo la voz—, y quítate los zapatos pues estás en suelo sagrado. Yo soy el Dios de tus padres, el Dios de Abraham, de Isaac y de Jacob. He visto cómo sufre mi pueblo y he oído sus gritos, así que los liberaré de los egipcios y los llevaré a una tierra donde fluyen la miel y la leche. Debes ir a hablar con el faraón y después conducirás a los hijos de Israel fuera de Egipto.

Moisés preguntó:

—¿Quién soy yo para guiarlos?

Dios respondió:

—Yo estaré contigo y cuando al fin hayas sacado a la gente de Egipto, me adorarás en esta montaña. Diles que el Dios de sus padres te ha enviado. Ellos te escucharán.

—Pero no me creerán —respondió Moisés.

—Arroja al suelo el bastón que estás sosteniendo —ordenó Dios.

Moisés lo hizo y de inmediato la vara se convirtió en una serpiente.

Ahora —dijo Dios— tómala por la cola con tu mano.

Moisés obedeció y la serpiente se convirtió de nuevo en una vara.

25

–Cuando hagas estas cosas la gente creerá que Dios realmente se ha aparecido ante ti. Ahora mete tu mano dentro de tu túnica.

Moisés lo hizo y cuando la sacó, su mano estaba cubierta de llagas.

–Vuelve a meter tu mano dentro de la túnica –ordenó Dios.

Moisés obedeció y su mano volvió a estar sana.

–Si ni te creen al primer o segundo signo –dijo Dios–, entonces debes tomar agua del río y derramarla sobre la tierra. Al hacerlo se convertirá en sangre. Ahora ve y llévate el bastón.

Moisés volvió a casa y habló con Jetró: –Ha llegado la hora de que vuelva a Egipto con mi gente, a ver si aún están con vida.

Jetró les dio un abrazo de despedida y después Moisés se encaminó junto con su esposa e hijo hacia Egipto.

Al llegar, Moisés le contó a su hermano Aarón la misión que Dios le había encomendado y luego se presentó ante el faraón para pedirle que dejara ir a su pueblo, pues el Dios de Israel había ordenado que fueran al desierto a adorarlo.

Furioso, el faraón respondió:

–¿Quién eres tú para venir a darme órdenes de un dios que no conozco? Ahora haré que los hebreos trabajen más duramente para que no tengan tiempo de escuchar todas esas tonterías.

Los capataces del faraón hicieron trabajar a los israelitas hasta que se desplomaban, por lo cual los hijos de Israel se enfadaron con Moisés. Éste se quejó con el Señor.

Dios respondió: –Di a los israelitas que yo soy su Dios y que los liberaré de la esclavitud y los llevaré a la tierra prometida. Haré que el mismo faraón los expulse de Egipto. Entonces ellos sabrán que yo soy el Señor.

Diez plagas

Éxodo 7-11

$\mathcal{M}$ oisés fue de nuevo con el faraón a pedirle que liberara a los israelitas, pero éste tenía el corazón endurecido y no quiso escucharlo.

Dios le dijo entonces a Moisés:

—El faraón sabrá ahora que no hay nadie como yo en toda la tierra. Arrojaré sobre Egipto diez terribles plagas que serán el azote de su pueblo.

En ese momento el agua del río Nilo se convirtió en sangre; después Egipto fue invadido por plagas de ranas, mosquitos y asquerosas moscas; murió todo el ganado; los cuerpos de los hombres se cubrieron de llagas; una horrible granizada destruyó los campos; una inmensa nube de langostas oscureció el cielo y devoró las plantas y durante tres días reinaron las tinieblas pues desapareció la luz del sol.

Lleno de temor, el faraón llamó a Moisés y a Aarón y les dijo que podían irse de Egipto a adorar a su Dios, pero que debían dejar sus rebaños, a lo cual Moisés respondió:

—Pero debemos llevar a los animales para ofrecer sacrificios a nuestro Dios.

—No se los llevarán —dijo terminantemente el faraón.

Entonces el Señor volvió a hablar con Moisés y éste transmitió el mensaje de Dios al faraón:

—El Señor traerá una plaga más sobre Egipto: todos los primogénitos de esta tierra morirán, desde el hijo mayor del mismo faraón hasta los de los sirvientes, aldeanos y habitantes de las ciudades. Incluso los de los animales y las aves morirán. Pero ninguno de los hijos de Israel sufrirá, ni la gente ni sus animales.

—Seguramente, después de esta décima plaga, el faraón verá cómo el Señor ha diferenciado entre la gente de Egipto y los hijos de Israel.

La Pascua

Éxodo 12-15

*E*l Señor habló con Moisés y Aarón diciéndoles lo que debían hacer a fin de prepararse para la décima plaga:

—Cada israelita tomará el mejor cordero de sus rebaños y lo matará. Con la sangre del animal marcará luego la puerta de su casa. Después la gente asará los corderos, comerá su carne con pan sin levadura y se dispondrá a dejar Egipto. De este modo celebrarán la fiesta de la Pascua pues serán liberados de la esclavitud de los egipcios.

—Esta noche enviaré al ángel exterminador a dar muerte a los hijos mayores de los egipcios. La sangre será una señal, así que pasará de largo por las casas de los hijos de Israel pues no permitiré que la muerte los ataque.

A medianoche, el Señor cumplió su palabra y entonces un gran llanto de desesperación surgió en la tierra, pues en cada casa los egipcios lloraban a gritos por la muerte de sus hijos.

Desolado, el faraón envió por Moisés y Aarón y les dijo:

–¡Dejen mis tierras para siempre! ¡Vayan y adoren a su Dios!

Sin contar a las mujeres y a los niños, fueron cerca de seiscientos mil hombres los que dejaron Egipto esa noche. El pueblo de Israel había vivido allí durante cuatrocientos treinta años.

El Señor condujo a Moisés y los hijos de Israel fuera de la tierra de Egipto. Para mostrar el camino, Dios los guió tomando la forma de una columna de nubes durante el día y en forma de una columna de fuego por la noche.

Pero cuando el faraón vio que en verdad todos los israelitas habían dejado Egipto, decidió traerlos de vuelta como esclavos, por lo que fue a perseguirlos con su ejército. Planeaba capturarlos cerca del Mar Rojo, donde estaban acampados.

Cuando la gente vio al faraón y su ejército ir tras ellos, le gritaron a Moisés:

–¡Habría sido mejor seguir siendo esclavos que morir aquí en el desierto!

Moisés respondió:

–No teman. El Señor nos salvará.

En ese momento, Dios le dijo a Moisés:

–Di a la gente que avance. Sostén en alto tu vara y extiende el brazo sobre el mar para dividir sus aguas. Tú y los hijos de Israel cruzarán el mar sobre la arena seca. Entonces mi poder les será mostrado y sabrán que yo soy el Señor.

Cuando Moisés extendió el brazo, se desató un fuerte viento que empujó hacia atrás las aguas del mar y las dividió.

Entonces los hijos de Israel caminaron por en medio del mar. Anduvieron sobre tierra seca hasta el otro lado, pues las aguas se separaron, formando una pared a la izquierda y otra a la derecha.

29

Cuando los egipcios se lanzaron tras ellos, Moisés levantó de nuevo su brazo. Entonces las aguas del mar se precipitaron y todos los egipcios murieron ahogados.

Al ver la gran obra del Señor, la gente creyó en Él y en su siervo Moisés.

Entonces Moisés y el pueblo de Israel se regocijaron, diciendo: —El Señor es mi fortaleza y mi salvación. Él es mi Dios y lo alabaré. ¿Quién es como Tú, oh, Señor, entre los poderosos? ¿Quién es como Tú, gloriosa santidad, para obrar maravillas? El Señor reinará por siempre jamás.

Los diez mandamientos

Éxodo 19-31

*L*os hijos de Israel habían estado viajando por tres meses cuando llegaron al desierto del Sinaí. Pusieron sus tiendas al pie del monte del mismo nombre.

Moisés subió a la montaña y Dios le habló, diciendo:

–Los hijos de Israel han visto lo que hice a los egipcios y cómo los he conducido a este lugar. Diles que si escuchan mi voz y respetan mi alianza, se convertirán en un reino de sacerdotes y en un pueblo santo.

Y ellos respondieron:

–Haremos todo lo que diga el Señor.

Entonces Dios le dijo a Moisés:

–Vendré a ti en forma de una nube espesa para que la gente sepa cuándo hablaré contigo. Ve y bendícelos, permíteles lavar sus ropas y prepararse por dos días. Al tercer día me apareceré ante ellos.

En la mañana del tercer día hubo relámpagos y truenos y una nube espesa envolvió a la montaña. Se oyó un potente sonido y toda la gente tembló.

El monte Sinaí se cubrió de humo, el cual se elevó y toda la montaña se sacudió violentamente.

Moisés habló y Dios le respondió con un gran sonido de trueno, pidiéndole que subiera a la montaña y Moisés subió.

Dios le habló a Moisés del siguiente modo, con las **palabras de los diez mandamientos**:

–Yo soy el Señor, tu Dios, que te trajo de la tierra de Egipto y te liberó de la esclavitud.

No tendrás más dioses que yo.

No pronunciarás el nombre del Señor en vano.

Conservarás el sábado como un día sagrado. Seis días trabajarás, pero el séptimo es un sábado santo para el Señor, tu Dios y en ese día no trabajarás. Pues en seis días el Señor hizo el cielo y la tierra, el mar y todo lo que hay en ellos, pero el séptimo día descansó y lo hizo sagrado.

Honrarás a tu padre y a tu madre.

No matarás.

No cometerás adulterio.

No robarás.

No mentirás ni acusarás falsamente a tu prójimo.

No desearás la mujer de tu vecino.

No codiciarás lo que pertenezca a los demás.

La gente tuvo miedo y permaneció a una gran distancia, mientras Moisés se aproximaba a la espesa oscuridad.

Ahí el Señor habló con Moisés por largo tiempo, estableciendo muchas otras leyes que el pueblo de Israel tenía que obedecer. Después Moisés se las explicó a la gente para se guiaran por medio de ellas y se trataran unos a otros con justicia.

La gente dijo:

–Haremos todo lo que el Señor nos ha pedido.

Entonces Moisés le construyó un altar al Señor con doce columnas por las doce tribus de Israel. Y la gente hizo sacrificios al Señor y lo adoró.

De nuevo llamó Dios a Moisés para que subiera a la montaña, donde le entregaría unas tablas de piedra con los mandamientos escritos en ellas.

Moisés subió a la montaña y una gran nube la cubrió durante seis días.

Al séptimo día Dios llamó a Moisés desde la nube, la cual se veía como un inmenso incendio encima de la montaña.

Moisés entró a la nube y permaneció ahí cuarenta días y cuarenta noches.

El Señor le dijo a Moisés que le pidiera al pueblo que construyera un arca de madera, según las explicaciones que Dios le daría, para que en ella se guardaran las leyes y los mandamientos.

—Después de que esto se haya hecho —dijo el Señor—, Aarón y sus hijos serán consagrados como sacerdotes.

—Y yo viviré entre la gente para ser su Dios. Ellos recordarán que deben guardar el sábado como una señal entre nosotros de una alianza eterna.

Entonces el Señor le dio a Moisés dos tablas de piedra para que las llevara al pueblo al pie de la montaña. En ellas estaban escritos los diez mandamientos.

El becerro de oro
Éxodo 32

*D*ebido a que Moisés permaneció cuarenta días y cuarenta noches en el monte Sinaí, la gente no sabía qué había sido de él y quisieron hacer un dios propio al cual adorar. Fueron a hablar de ello con Aarón y éste les dijo:

—Junten todos los pendientes y anillos de oro de sus esposas y tráiganmelos.

La gente hizo lo que les había ordenado y Aarón fundió el oro y le dio la forma de un becerro.

—Que éste sea su dios —les dijo. Y construyó un altar y declaró el día siguiente como día de fiesta.

La gente se levantó temprano al otro día y le llevaron ofrendas al becerro de oro. Luego se sentaron a comer y beber juntos.

Fue entonces cuando Moisés bajó de la montaña con las tablas. Al ver al becerro de oro y a la gente bailando y gritando alrededor de éste, se encolerizó y arrojó las tablas al suelo, las cuales se hicieron pedazos al pie de la montaña.

Moisés y el pueblo de Israel emprendieron la marcha y caminaron a través del desierto durante cuarenta años, hasta que finalmente llegaron al monte Nebo desde donde se veía la tierra de Canaán.

Entonces dijo Dios a Moisés:

—Ya se acerca para ti el día de tu muerte. Así que llama a Josué y habla con él.

Llamó, pues, Moisés a Josué y le dijo frente a todo el pueblo de Israel:

—Esfuérzate y ten valor, porque tú has de entrar con este pueblo en la tierra que Dios juró dar a sus padres, y tú los pondrás en posesión de ella.

Después habló Dios con Moisés:

—Ahí está Canaán, la tierra que juré dar a Abraham, Isaac y Jacob. Puedes verla con tus ojos, pero no entrarás en ella.

De este modo, Moisés, el siervo del Señor, murió en la tierra de Moab, conforme a la voluntad de Dios. Él lo enterró en un valle cercano y nadie hasta hoy conoce su sepulcro.

Tenía, al morir, ciento veinte años. No ha vuelto a surgir en Israel un profeta semejante a Moisés, a quien Dios trataba cara a cara.

Josué y la batalla de Jericó

Josué 1-6

𝒥 osué estaba lleno de sabiduría pues Moisés lo había bendecido. Dios habló con él y le dijo:

—Yo estaré contigo como lo estuve con Moisés. Tú llevarás al pueblo de Israel a la tierra que les he prometido.

Josué creyó en el Señor. Le dijo a la gente que se preparara para cruzar el río Jordán y ocupar la tierra.

Al otro lado del río estaba Jericó, una ciudad protegida por fuertes murallas. El Señor habló con Josué y le dijo lo que tenía que hacer para capturar la ciudad:

—Darán vueltas alrededor de la ciudad durante seis días y al séptimo harán sonar fuertemente las trompetas. Cuando hayan hecho todo esto, las murallas de Jericó se derrumbarán.

A la mañana siguiente, muy temprano, comenzó el ataque. Primero llegaron los soldados armados. Tras ellos iban los sacerdotes tocando trompetas hechas de cuernos de oveja. El resto de los israelitas rodeó la ciudad en silencio esperando la señal de Josué.

Los hombres armados y los sacerdotes marcharon alrededor de la ciudad una vez y luego regresaron al campamento. Hicieron esto cada día por seis días.

Al séptimo día llegaron temprano y rodearon la ciudad siete veces. La séptima vez, mientras los sacerdotes tocaban y los soldados marchaban, Josué gritó

—¡El Señor nos ha dado la ciudad! ¡Griten todos a la vez!

Entonces los israelitas dejaron escapar un grito poderoso.

Las paredes de Jericó cayeron arrasadas, tal como lo había prometido el Señor. El pueblo de Israel entró a la ciudad y tomó posesión de ella.

Después de la caída de Jericó, Dios habló de nuevo con Josué:

—No temas, tú conducirás a tu pueblo contra sus enemigos y saldrán victoriosos.

Así fue que Josué y su ejército atacaron y capturaron las ciudades de sus enemigos. Entonces, como le había ordenado el Señor, repartió las tierras entre las tribus de Israel.

Al fin pudieron descansar de la guerra y los israelitas comenzaron una nueva vida en la tierra prometida. Por largo tiempo hubo paz.

Josué envejeció y mandó llamar al pueblo de Israel y a sus ancianos jueces y funcionarios. Les dijo:

—Todos han visto cómo el Señor ha peleado por ustedes. Deben ser fuertes y hacer todo lo que está escrito en las leyes de Moisés. Deben ser fieles al Señor y cumplir todos sus mandamientos. Si le son desleales, la ira de Dios se encenderá en contra de ustedes, y no gobernarán más esta tierra que el Señor les ha dado.

Sansón

Jueces 13-16

*U*n día un ángel se le apareció a Manué y a su esposa, diciendo:

–Tendrán un hijo de inmensa fuerza y se dedicará a Dios, pero no debe cortarse nunca el cabello. Él comenzará a salvar a Israel de los filisteos que los han esclavizado.

Finalmente la esposa de Manué tuvo un hijo al que llamaron Sansón. Al crecer se convirtió en un hombre sumamente fuerte y el Señor lo bendijo.

En numerosas ocasiones Sansón mostró su fuerza. Una vez incluso mató a un león con sus propias manos. Los filisteos lo capturaron y torturaron varias veces, pero en cada una de ellas rompió sus ataduras y dio muerte a sus captores.

Los filisteos continuamente buscaban formas de destruir a Sansón.

Él amaba a una mujer llamada Dalila. Un día los líderes de los filisteos fueron con ella y le ofrecieron mucho oro y plata si lograba averiguar el secreto de la fuerza de Sansón.

Ella intentó descubrir qué era lo que hacía tan fuerte a Sansón, pero él nunca le dio una respuesta directa.

Entonces Dalila se quejó con Sansón:

–¿Cómo puedes decir que me amas si no me cuentas nada de lo que te pido?

Finalmente, él le respondió, diciendo:

–Si me rasuran o me cortan el cabello, mi fuerza se acabará.

Esa noche Sansón se quedó dormido sobre el regazo de Dalila. Ella llamó con señas a un hombre que se acercó rápidamente y le cortó el cabello a Sansón. Luego le dio la recompensa a Dalila y se marchó.

Sansón se despertó y preguntó cómo pudo pasar tal cosa.

—Los filisteos vinieron mientras dormías —respondió Dalila.

Sansón dio un salto, al tiempo que decía:

—Iré tras ellos como lo he hecho antes y los destruiré.

Pero esta vez la fuerza le faltó a Sansón. Los filisteos estaban esperándolo y, tras capturarlo, lo ataron y le sacaron los ojos. Luego lo arrojaron a la prisión donde fue forzado a trabajar moliendo grano.

Mientras Sansón estaba en prisión, su cabello comenzó a crecer.

Los filisteos tuvieron una gran fiesta para celebrar sus victorias sobre Sansón y los israelitas. Hubo un gran regocijo y comida y bebida por varios días.

Sansón fue traído de la prisión para que toda la gente pudiera verlo y burlarse de él, ya que era su prisionero y no podía ver.

Sansón le dijo a los hombres que lo vigilaban:

–Me imagino que este salón es muy grande pues hay mucha gente aquí. Permítanme sentir las columnas que sostienen el techo. Deben ser fuertes en verdad.

Sansón fue llevado ante las columnas y se puso de pie entre ellas, con la mano derecha en una y la izquierda en la otra.

Llamó a Dios en voz baja y le dijo:

–Señor, dame fuerza para poder castigar a esta gente por lo que me han hecho a mí y a mi pueblo. Y permíteme morir con ellos.

Entonces Sansón empujó las columnas con todo su poder y las rompió en pedazos. El techo se desplomó, matando a todos los que estaban en el gran salón.

Así que el Señor le respondió a Sansón. Luego su familia vino y se llevó su cuerpo para enterrarlo en la tierra de su padre Manué.

David y Goliat
1 Samuel 17

*L*a vida era pacífica para David, el pastor. Pero de nuevo había guerra en la tierra. Los filisteos estaban luchando contra Israel otra vez.

Los dos ejércitos habían establecido sus campamentos en lados opuestos del valle de Terebinto.

Del lado de los filisteos salió uno de sus héroes. Se llamaba Goliat y era un hombre gigantesco. Tenía casi tres metros de altura y llevaba un casco y una pechera de bronce. También llevaba unos protectores de metal en las piernas y portaba una lanza de dos metros de largo.

Goliat les habló con una voz muy potente a los hombres de Israel:

—Elijan un hombre que venga a pelear conmigo. Si logra matarme, nos convertiremos en sus servidores; si lo mato yo, ustedes serán nuestros sirvientes.

Cuando el rey Saúl y su pueblo oyeron esto, no hicieron ningún movimiento. Ninguno de los israelitas salió a pelear con Goliat; sólo esperaron.

Durante cuarenta días el gigante gritaba su desafío, pero ningún hombre de Israel se ofreció a luchar contra tal adversario.

Un día, David llegó al campamento israelita llevando provisiones para sus hermanos. Cuando oyó el llamado de Goliat, dijo:

—Envíenme a mí. Yo combatiré al filisteo.

Saúl le respondió:

—Eres sólo un jovencito, y él es un gran guerrero—. A lo cual David replicó:

—He cuidado las ovejas de mi padre. Si un lobo o un oso llegaban y atrapaban a una de ellas, yo los mataba con mi honda. Creo que podría hacer lo mismo con Goliat, pues el Señor, que me ha salvado de osos y lobos, seguramente me salvará de Goliat.

David continuó insistiendo, hasta que al fin Saúl le dijo que podía ir, y agregó:

—Que Dios te acompañe.

Entonces Saúl ordenó que vistieran a David con ropa de malla de metal y pechera y casco de bronce, pero el joven apenas podía moverse con ellas, así que se las quitó.

En vez de ello tomó su bastón de pastor con una mano y, con la otra, cogió cinco piedras del arroyo. Luego las guardó en el saco que llevaba al hombro. Entonces tomó su honda y se fue por el valle para encontrarse con Goliat.

Al verlo llegar, Goliat no pudo dar crédito a sus ojos: ¡un muchacho venía a combatir contra un gigante!

—¿Soy un perro, acaso, —preguntó Goliat en tono de burla— para que vengas a golpearme con un bastón?

A lo cual David respondió:

Vengo a ti en nombre del Señor, el Dios de Israel, al que tú y tu pueblo han insultado. Te derribaré y te cortaré la cabeza. Entonces todo el mundo sabrá que hay un Dios en Israel. Y sabrán que el Señor no depende de espadas y lanzas.

A continuación sacó una piedra de su saco. Cuando Goliat avanzó, David lanzó la piedra con su honda. Ésta golpeó en la frente al gigante, el cual cayó al suelo, muerto.

David corrió a donde había caído Goliat. Tomó la espada del gigante y le cortó la cabeza justo como había dicho que lo haría.

Cuando los filisteos vieron que su héroe había muerto a manos de un joven pastor, huyeron llenos de pánico. Los israelitas los persiguieron y derrotaron a todo el ejército filisteo.

Tras esta hazaña, David se convirtió muy pronto en el jefe de los israelitas y, tiempo después, en su rey.

David y Betsabé

II Samuel 11-12

*E*l rey David había visto a una mujer hermosa y mandó a sus sirvientes a averiguar quién era ella. "Se llama Betsabé y es esposa de Urías, uno de tus generales", le dijeron. David la invitó al palacio y se enamoró de ella.

David envió una carta a Joab, el comandante de sus ejércitos, en la que le pedía que Urías fuera colocado al frente, cerca de las líneas enemigas. Urías fue uno de los cientos de israelitas que murieron en batalla ese día.

David y Betsabé se casaron en cuanto pasó el período de luto y, tiempo después, tuvieron un hijo.

Lo que David había hecho desagradó al Señor, por lo que envió al profeta Natán. Éste le contó una historia a David:

—Había dos hombres que vivían en una misma ciudad. Uno era pobre y otro era rico. El rico poseía muchos rebaños, mientras que el pobre tenía solamente una oveja, a la cual alimentaba, protegía y cuidaba.

"Pero el hombre rico, en vez de regalarle uno de sus propios animales al otro, que era pobre, le quitó la única oveja que tenía."

Al terminar de escuchar el relato, David se enojó, diciendo:

—El hombre que tal cosa hiciera merece un castigo.

Natán respondió: —Tú eres ese hombre.

David comprendió que era cierto, se avergonzó mucho y dijo:

—Es verdad, he pecado en contra del Señor.

Natán continuó: –Dios te ha convertido en el gobernante de Israel. ¿Por qué has hecho el mal a la vista del Señor?

–Enviaste a Urías a morir en batalla, lo cual es como si lo hubieras matado tú mismo, y tomaste a su esposa como tu esposa. El Señor no desea tu muerte, pero una gran pena llegará a ti.

Pronto el hijo de David enfermó. David oró a Dios y ayunó por una semana. Al séptimo día, el niño murió.

Entonces David se levantó, se cambió de ropa, comió y dijo:

–Mientras el niño todavía vivía, oré al Señor y ayuné. Ahora está muerto y no puedo recuperarlo. Luego fue a reconfortar a su mujer.

A su tiempo, David y Betsabé tuvieron otro hijo cuyo nombre fue Salomón. Y el Señor amó a Salomón.

El rey Salomón

I Reyes 1-4

I Crónicas 28-29

*E*l rey David estaba viejo y débil, de modo que envió por su hijo Salomón a fin de uncirlo con aceite, bendecirlo y proclamarlo rey.

Cuando todo esto fue hecho, se oyó el sonido de trompetas seguido de un fuerte grito: "¡Larga vida al rey Salomón!"

El momento de la muerte de David se acercaba, así que habló con su hijo:

–Sé fuerte y ten valor y acata los mandamientos. De ese modo se cumplirá la promesa del Señor, de que mis descendientes continuarán siendo los reyes de Israel.

Asimismo le encargó a su hijo que construyera una casa para el Señor:

–Me habría gustado mucho construir tal casa, pero la palabra de Dios llegó a mí diciendo que yo había derramado demasiada sangre y peleado en numerosas guerras. Por consiguiente, tú debes construirla.

Y luego le contó a Salomón los planes que había hecho para el templo.

Poco después, el rey David murió y fue sepultado en Jerusalén. Salomón ocupó entonces el trono de su padre para reinar sobre todo el pueblo de Israel.

El rey Salomón le dirigió a Dios estas palabras:

–Ahora que soy rey en lugar de mi padre, pido tener un corazón comprensivo para distinguir el bien del mal. Entonces podré gobernar sabiamente.

Dios quedó complacido y respondió:

—Ya que has pedido esto y no grandes riquezas para ti o la muerte para tus enemigos, tu deseo será concedido. Tendrás sabiduría y comprensión. Y también tendrás honores y riquezas.

Un día se presentaron dos mujeres ante el rey Salomón. Una de ellas dijo:

—Mi rey, esta mujer y yo vivimos en la misma casa. Cada una de nosotras tuvo un hijo. Una noche estábamos solas en la casa, sólo ella y yo con nuestros bebés.

Su bebé murió esa noche y ella tomó al mío y puso a su hijo muerto en la cuna de mi bebé. Cuando me desperté en la mañana para alimentarlo, supe lo que ella había hecho. El bebé muerto es el de ella. Mi hijo todavía está vivo.

Entonces la otra mujer exclamó: "¡No, el vivo es hijo mío, el muerto es el de ella!"

El rey Salomón meditó unos momentos y luego dijo: "Tráiganme una espada".

Cuando la espada le fue entregada, el rey ordenó:

—Partan por el medio al niño vivo y denle la mitad de él a una, y la otra mitad a la otra.

Entonces la verdadera madre del niño vivo dijo al rey, pues se le partía el corazón por su hijo:

—¡Oh, mi rey, no permitas que lo maten! ¡Dáselo a ella para que viva!"

Pero la otra dijo: El bebé no le pertenecerá a ninguna de nosotras. ¡Divídanlo!

Entonces el rey habló: —Denle a la primera mujer el bebé. Ella es la madre con toda seguridad.

Y así se hizo.

Todo el pueblo de Israel se dio cuenta del buen juicio del rey en éste y otros muchos casos. Llegaron a venerarlo, pues comprendieron que la sabiduría de Dios estaba en él.

La sabiduría de Salomón era más grande que la de cualquier otro hombre y su fama se extendió ampliamente. La gente llegaba de todas partes en busca de su comprensión.

La construcción del templo

I Reyes 5-11

II Crónicas 2-5

*E*n el cuarto año del reinado de Salomón se inició la construcción del templo. Se trajeron cipreses y cedros del Líbano, así como piedras desde las regiones montañosas.

Muchos miles de hombres se ocupaban de los preparativos y de la edificación del templo. Dentro de éste no había ningún ruido de martillos o hachas, pues todos los materiales se medían y preparaban antes de ser llevados al lugar de la construcción, en donde eran colocados y ensamblados.

Tomó siete años construir el templo de Jerusalén. La madera para el interior del edificio estaba tallada e incrustada en oro y el altar estaba cubierto de oro puro.

Cuando estuvo listo, Salomón llamó a todos los líderes de Israel para que trajeran el arca al templo.

Los sacerdotes colocaron el arca del Señor en un lugar apropiado. En ella estaban las tablas de piedra que Moisés había colocado ahí.

El rey Salomón oró a Dios y bendijo a toda la gente diciendo:

—Bendito sea el Señor, el Dios de Israel, que ha cumplido la promesa que hizo a nuestros padres cuando los sacó de la tierra de Egipto.

Hubo gran regocijo y acciones de agradecimiento. Se oyó el sonido de trompetas, flautas, címbalos, arpas y liras, y la gente cantó al Señor pues su misericordia perdura eternamente.

La fiesta continuó durante siete días. Entonces se fueron a casa llenos de alegría por todo el bien que había llegado a Israel.

De nuevo Dios se apareció a Salomón y le dijo:

—He oído tus oraciones y tus bendiciones. Debes cumplir mis mandamientos y tu trono se establecerá sobre Israel para siempre. Pero si tú o tus hijos se vuelven contra el camino del Señor, serán expulsados de esta tierra y del templo. Y la casa de Dios se convertirá en un montón de ruinas.

Después de que el templo estuvo terminado, Salomón construyó un palacio para él y otros para sus esposas, así como un salón de Justicia. Asimismo mandó construir una flota de naves y numerosas ciudades.

Salomón tenía más riqueza y sabiduría que todos los reyes de la tierra. Pero no era perfecto. Se casó con mujeres extranjeras, hijas de los reyes de los países con los que había hecho tratados, pues tal era la costumbre en tales lugares. Salomón hizo esto aunque el Señor había dicho a través de Moisés:

Las esposas extranjeras seguramente volverán los corazones de sus esposos hacia dioses extranjeros.

Las esposas de Salomón creían en sus propios dioses y él les construyó lugares para que fueran a adorarlos. Cuando envejeció, sus esposas incluso lo convencieron de adorar a sus dioses.

El Señor habló a Salomón:

—Ya que no has respetado la Alianza ni los mandamientos de Dios, le quitarán el reino a tu familia. No a ti sino a tu hijo, y le será dado a tu siervo. Pero un día tus descendientes volverán a este lugar.

Al final del reino de Salomón hubo mucha insatisfacción y congoja en la tierra, y los enemigos se levantaron en su contra.

NUEVO TESTAMENTO

El ángel Gabriel visita a María

Mateo 1, Lucas 1

*E*n los días de Herodes, rey de Judea, vivió una mujer llamada María en Nazaret, un pueblo de Galilea. Era una mujer amable y a menudo oraba a Dios.

María había de casarse con José, un carpintero que era descendiente directo del rey David y de la casa real de Israel. Un día el ángel Gabriel se le apareció a María, diciéndole:

—Dios te salve, María, llena eres de gracia. El Señor es contigo; bendita eres entre todas las mujeres...

María se perturbó por este saludo, pero el ángel le dijo:

—No temas, pues el Señor está contigo. Tendrás un hijo y su nombre será Jesús. Él será grande y será llamado "Hijo del Altísimo". Reinará sobre la casa de Jacob y su reino no tendrá fin.

María preguntó, maravillada: —¿Cómo puede ser esto, si no tengo marido?

El ángel Gabriel respondió:

—El Espíritu Santo vendrá a ti y también el poder del Altísimo. Por eso el fruto que de ti nacerá será llamado hijo de Dios.

Tu prima Isabel, aunque es vieja, también tendrá un hijo. Pues con Dios nada es imposible.

El nacimiento de Jesús

Mateo 1, Lucas 1

*J*osé, el carpintero que estaba prometido a María, andaba preocupado porque ella iba a tener un hijo y no estaban casados todavía.

Pero un ángel se le apareció en un sueño, diciéndole:

—No temas recibir en tu casa a María. El hijo que ella tendrá es obra del Espíritu Santo y le pondrás por nombre Jesús, porque salvará a su pueblo de sus pecados. Él hará que las palabras del Señor se vuelvan realidad, las palabras dichas a los profetas prometiendo que llegaría un salvador.

Al despertar de ese sueño, José hizo lo que le había dicho el ángel. Se casó con María y esperó a que naciera su hijo.

En esos tiempos el emperador romano Augusto ordenó que se hiciera un censo de toda la gente del imperio para poder cobrarles impuestos.

José llevó a su esposa de Nazaret a la ciudad de David, llamada Belén. Él era de la casa de David y tenía que ser censado allí.

Fue un largo viaje hasta Belén y María fue a lomos de un burro. Había tanta gente en el pueblo que no había espacio para ellos en la posada, pero encontraron un lugar para los dos en un establo.

Mientras estaban ahí, nació el bebé. María envolvió a su hijo cuidadosamente y lo colocó en la paja del pesebre.

Esa noche, en los campos cerca de Belén, algunos pastores cuidaban sus ovejas. De pronto apareció un ángel del Señor y brilló una gran luz alrededor, por lo que se llenaron de temor.

El ángel los calmó, diciendo:

—No teman. Traigo buenas noticias de una gran alegría para todo el mundo. Este día, en la ciudad de David, ha nacido un niño. Es Cristo, el Señor. Duerme en el pesebre de un establo.

Entonces apareció un gran número de ángeles celestiales cantando: —Gloria a Dios en las alturas y paz en la tierra a los hombres de buena voluntad.

Cuando los ángeles desaparecieron, los pastores se apresuraron a llegar a Belén para ver el gran milagro que había tenido lugar.

En el establo encontraron a María y José, y vieron al bebé sobre el pesebre. Le contaron a todos lo que había dicho el ángel. La gente que los oyó quedó maravillada. Los pastores alabaron a Dios y glorificaron su nombre.

Cuando el bebé tenía ocho días de nacido le dieron el nombre de Jesús y, al llegar el momento de que se purificaran según las leyes de Moisés, María y José llevaron a su hijo a Jerusalén para presentarlo al Señor y hacer una ofrenda de agradecimiento en el templo.

Había un hombre recto en Jerusalén llamado Simeón, que había estado esperando la llegada del Salvador que el Señor había prometido.

El día que María y José llevaron a Jesús a Jerusalén, Simeón estaba ahí. Tomó en sus brazos al bebé y bendijo a Dios, diciendo:

—Ahora puedo morir en paz, pues mis ojos han visto al Salvador.

La adoración de los magos

Mateo 2

*D*espués de que nació Jesús en Belén, llegaron del Oriente unos magos a Jerusalén. Ellos no sabían dónde encontrar a Jesús, así que preguntaron en la corte del rey Herodes:

—¿Dónde está el niño que ha nacido para ser rey de los judíos? Vimos su estrella al Oriente y hemos venido a adorarle.

Cuando el rey Herodes oyó esto, se turbó. Envió por sus sacerdotes y escribas. Les preguntó dónde podía encontrarse al Cristo.

Ellos respondieron, diciendo:

—En Belén, en Judea, pues está escrito que de Belén vendrá un rey para gobernar al pueblo de Israel.

Herodes pidió que los magos se presentaran ante él. Luego los envió a Belén en busca del niño, ordenándoles que regresaran a darle noticias. Temía que el bebé nacido en Belén le quitara el trono algún día.

—Cuando lo hayan encontrado vengan a decírmelo para poder ir yo también a adorarlo.

Los magos emprendieron su viaje. La estrella que habían visto al Oriente iba delante de ellos. La siguieron hasta que estuvo sobre el establo.

Cuando entraron al establo y vieron al niño con su madre, hicieron una reverencia y lo adoraron. Le ofrecieron los regalos que habían traído: oro, incienso y mirra.

Los magos fueron advertidos en un sueño de no regresar con Herodes, así que dejaron a Jesús y regresaron a su país por un camino distinto.

El bautizo de Jesús

Mateo 3, Marcos 1, Lucas 3, Juan 1

*J*uan, el hijo de Zacarías e Isabel, era seis meses mayor que su primo Jesús y había crecido en el desierto. Usaba una túnica de piel de camello y se alimentaba de miel y langostas.

Cuando Juan era un hombre joven, la palabra de Dios le llegó en el desierto. Esto sucedió durante el reinado del emperador romano Tiberio César, mientras Poncio Pilatos era gobernador de Judea y Herodes Antipas de Galilea.

Juan oyó la palabra de Dios y se fue del desierto a un campo alrededor del río Jordán. Ahí predicó acerca del arrepentimiento y el perdón de los pecados a todos los que querían escucharlo.

Muchas personas fueron con Juan y oyeron sus prédicas. Le confesaban sus pecados y fueron bautizados por él. Le pedían su consejo y él les hablaba, diciéndoles lo que tenían que hacer a fin de llevar una vida recta.

—Que el hombre que tenga dos abrigos comparta con el que no tiene ninguno —decía él. Que el hombre que tenga alimentos también los comparta.

A los recolectores de impuestos les dijo: —Cobren lo que sea justo cobrar.

A los soldados: —No le roben nada a nadie y nunca acusen falsamente a un hombre.

La gente que lo conocía se preguntaba si él era el Mesías. A ellos les decía:

—Yo bautizo con agua, pero vendrá uno que es más poderoso que yo. Yo no soy digno ni siquiera de inclinarme y besar sus sandalias. Él bautizará con el Espíritu Santo.

59

Jesús también oyó acerca de Juan. Un día viajó de Galilea al Jordán para ser bautizado por él.

Juan supo de inmediato que era Jesús y preguntó:

−¿Tú has venido a que te bautice? Soy yo quien debería ser bautizado por ti.

Jesús respondió: −Pero tú debes bautizarme a mí ahora, pues debemos hacer todas las cosas que son rectas.

Juan estuvo de acuerdo, así que bautizó a Jesús en el río Jordán.

Cuando Jesús salió del agua, los cielos se abrieron y el Espíritu Santo descendió sobre él como una paloma. Una voz habló, diciendo:

−Este es mi hijo adorado, en el que tengo mi complacencia.

La elección de los discípulos
Mateo 4, 8, Marcos 1,
Lucas 4, 5, 8, Juan 1

Un día en que Jesús iba caminando por la costa del mar de Galilea, vio que dos pescadores echaban sus redes al agua. Se llamaban Simón y Andrés y eran hermanos.

Jesús subió al bote de Simón y le pidió que lo alejara de la playa. Luego predicó a la gente desde el bote. Ellos dejaban lo que estaban haciendo y lo escuchaban.

Después Jesús le dijo a Simón:

−Ahora vayamos a alta mar y suelten sus redes para sacar algo de pescado.

–Hemos estado en los botes toda la noche con las redes echadas –respondió Simón–, y no hemos atrapado nada. Pero si dices que lo hagamos, lo haremos.

Cuando llegaron hasta aguas profundas, bajaron las redes. Había tantos peces que éstas no podían retenerlos a todos.

Simón y Andrés llamaron a sus compañeros, Santiago y Juan, que también eran hermanos, para que salieran y les ayudaran. Juntos, llenaron ambos botes con tal cantidad de pescados que casi se hundieron. Los cuatro estaban sorprendidos de la abundantísima pesca.

Al llegar a la playa, dejaron las redes y los botes para ir con Jesús. Ellos eran los primeros de sus muchos discípulos.

En Cafarnaúm, Jesús entró a la sinagoga en sábado. Simón, Andrés, Santiago y Juan estaban con él. Ahí Jesús enseñó y la gente escuchaba.

Cuando dejaron la sinagoga, fueron a la casa de Simón y Andrés. Ahí la suegra del primero estaba en la cama con fiebre.

Jesús fue con la enferma, la tomó de la mano y la incorporó. De inmediato la fiebre desapareció. La mujer se levantó y les sirvió de comer.

Después de eso, la fama de Jesús se extendió por todo el distrito de Galilea.

Esa noche, tras la caída del sol, mucha gente acudió a él. Tanto los que estaban enfermos como los que se encontraban poseídos por espíritus malignos fueron llevados ante él. Jesús curó a los enfermos y expulsó muchos espíritus malignos.

Primer milagro de Jesús

Juan 2

*J*esús y sus cuatro discípulos viajaron por todo el distrito de Galilea. Un día, Jesús asistió a un banquete de bodas en el pueblo de Caná. Su madre también había sido invitada a la boda.

Después de un rato, se terminó todo el vino. María fue a decírselo y él respondió:

—¿Por qué me lo has dicho? No es tiempo aún de que yo actúe.

Pero María le dijo a los sirvientes: —Escuchen a mi hijo y hagan todo lo que les diga.

Había seis grandes vasijas de agua a la entrada de la casa. Como era costumbre, eran usadas por todos los que entraban a la casa para purificarse.

Jesús le pidió a los sirvientes que llenaran todas las vasijas con agua limpia. Así lo hicieron. Entonces dijo:

—Ahora saquen un poco y llévenla al maestro de ceremonias y díganle que la pruebe.

Ellos hicieron lo que Jesús les indicó. Cuando el maestro de ceremonias la bebió, se sorprendió. Le habían dicho que ya no había más vino, pero éste era vino y, además, excelente.

El hombre llamó al novio y le dijo:

—Todo el mundo sirve el mejor vino primero. Luego, cuando los invitados han estado bebiendo por un rato, se sirve el vino malo. Pero tú has dejado el mejor para el final. Cuando los discípulos vieron este signo de Jesús, creyeron en él.

Los doce apóstoles

Mateo 5, 10, Marcos 3, Lucas 6, 11, Juan 1

*J*esús viajó por Galilea con los cuatro pescadores de Cafarnaúm que habían sido sus primeros seguidores. Poco después, se encontró a un hombre de Betsaida cuyo nombre era Felipe. Se unió a los demás, y juntos se convirtieron en discípulos de Jesús.

Anduvieron por ciudades y pueblos. Adonde quiera que iban, Jesús enseñaba en las sinagogas, predicaba y sanaba a la gente. Y en todas partes las multitudes lo seguían y él reunía muchos discípulos.

Una tarde, Jesús fue a las colinas a orar. Toda la noche oró a Dios. En la mañana llamó a sus discípulos y, de entre todos ellos, eligió a doce a los que llamó apóstoles.

Los doce apóstoles eran: Simón Pedro y su hermano Andrés, Santiago y Juan. También lo eran Felipe y Bartolomé, Tomás y Mateo, el recolector de impuestos; Jaime, el hijo de Alfeo; Tadeo, Simón el zelote y Judas Iscariote.

Estos hombres eran todos diferentes y de antecedentes distintos. Algunos eran obreros ordinarios y otros estaban educados. Cada uno deseaba servir a Jesús y seguirlo.

Jesús les dio el poder de sanar todo tipo de enfermedad y de expulsar los espíritus malos e impuros.

Les enseñó y les predicó. Hablando con todos ellos, les dijo:

—Ustedes son la sal de la tierra. Son la luz del mundo. Una ciudad sobre una colina no puede ocultarse. Los hombres no encienden lámparas para ponerlas bajo la mesa, sino sobre un candelero para que alumbren. Que la luz de ustedes brille tanto ante los hombres que, cuando ellos vean sus buenas obras, glorifiquen a su padre en el cielo.

El sermón de la montaña

Mateo 6-7

*J*esús habló de muchas cosas, entre ellas de recompensas por vivir de acuerdo a los mandamientos y de cómo tratar a la gente.

Luego Jesús habló acerca de la oración, diciendo a sus seguidores que rezaran de manera simple: —Oren de esta forma:

Padre nuestro que estás en el cielo,

Santificado sea tu nombre;

Venga a nosotros tu reino;

Hágase tu voluntad en la tierra como en el cielo.

Danos hoy nuestro pan de cada día;

Perdona nuestras ofensas,

Como también nosotros perdonamos

A los que nos ofenden;

No nos dejes caer en la tentación

Y líbranos del mal. Amén.

Luego agregó: —Si ustedes perdonan a los hombres sus faltas, el Padre celestial los perdonará, pero si no perdonan a los hombres, tampoco Él los perdonará a ustedes.

No reúnan tesoros en la tierra que las polillas y la herrumbre pueden dañar o los ladrones robar, sino guarden tesoros en el cielo donde ni la polilla ni la herrumbre dañan ni roban los ladrones.

No pueden servir a dos amos. U odian a uno y aman al otro, o aman a uno y odian al otro. No pueden servir a la vez a Dios y a las cosas terrenales.

66

No se preocupen de qué comer y beber y qué ropas usar. La vida es más que alimento, el cuerpo es más que vestido. Su Padre celestial sabe que ustedes los necesitan. Primero busquen el reino de Dios y la virtud, entonces estas otras cosas serán suyas.

No se preocupen por el mañana; el mañana se cuidará por sí solo. Que los problemas de cada día sean suficientes para ese día.

No juzguen a otros, para no ser juzgados. Como midan a otros, así ellos los medirán a ustedes.

¿Por qué ven una paja en el ojo de otros y no advierten una mayor en el de ustedes? Primero saquen la paja de su ojo y entonces podrán ver mejor cómo sacar la de otros.

Pidan y recibirán, busquen y encontrarán. Toquen y las puertas se abrirán para ustedes.

Hagan a otros lo que deseen que hagan con ustedes, esta es la ley y la enseñanza de los profetas.

Entren por la puerta estrecha. La puerta que conduce a la destrucción es ancha y es fácil pasar por ella; muchos van por ahí. El camino que conduce a la vida espiritual es difícil, esa puerta es estrecha y aquéllos que la encuentran son pocos.

Tengan cuidado con los falsos profetas, con aquellos que son lobos pero vienen con piel de oveja. Los reconocerán por sus frutos. ¿Pueden conseguir uvas de las espinas? ¿O higos de los abrojos? Los buenos árboles dan buenos frutos, pero un mal árbol da mal fruto. Todos los árboles que no dan buenos frutos serán cortados y se marchitarán. Así que por sus frutos los reconocerán.

Todo el mundo que oiga estas palabras que he dicho y las siga será como el hombre sabio que construye su casa sobre una roca. Cuando llueva, vengan las inundaciones y sople el viento, la casa permanecerá firme porque ha sido construida sobre una roca.

Aquellos que oigan mis palabras y no actúen de acuerdo a ellas, serán como el hombre tonto que construye su casa sobre la arena. Cuando llueva, vengan las inundaciones y soplen los vientos, esa casa se caerá porque ha sido construida en la arena.

Cuando Jesús terminó de hablar, los discípulos quedaron sorprendidos. Él les enseñó como alguien que tiene autoridad y no como un escriba que interpreta la ley.

Cuando Jesús bajó de la montaña, lo siguieron grandes multitudes.

Juan el Bautista: el mayor de los profetas

Mateo 11, 14, Marcos 6, Lucas 7

*J*uan el Bautista, que era el primo de Jesús, envió a dos de sus seguidores con Jesús.

Mientras los mensajeros de Juan estaban con Jesús, lo vieron curar muchas enfermedades y expulsar espíritus malignos.

Entonces Jesús les dijo: –Digan a Juan lo que han visto y oído.

Al marcharse los mensajeros, habló a la gente que había escuchado a Juan, diciendo:

–Cuando fueron al desierto, ¿qué vieron ahí? ¿Hierba mecida por el viento? ¿A un hombre vestido con ropa fina? Aquéllos que usan ropa fina están en las cortes de los reyes.

–Fueron a ver a un profeta. Sí, y más que un profeta. Este profeta, este hombre del desierto, es aquél de quien escribió el profeta Malaquías lo siguiente: "¡Miren, enviaré a mi mensajero para preparar el camino!"

Así que yo digo: entre los hombres, no hay mayor profeta que Juan el Bautista.

Juan el Bautista tenía muchos seguidores. Había predicado acerca del pecado y había bautizado a la gente, tratando de convencerlos de que se arrepintieran y pidieran perdón por sus pecados.

Hasta había hablado en contra del rey Herodes Antipas y de su esposa Herodías, pues este rey había tomado a la esposa de su hermano como su esposa. Herodías quería que se diera muerte a Juan, pero Herodes dudaba. Él sabía que Juan era un hombre recto y que mucha gente creía que era un profeta.

En vez de ordenar la muerte de Juan, el rey lo hizo arrojar a la prisión donde fue retenido mucho tiempo.

Pero sucedió que en el cumpleaños de Herodes, la hija de su esposa, llamada Salomé, bailó ante la multitud que se había reunido para celebrar. Herodes estaba tan complacido que le dijo:

—Pide lo que quieras y será tuyo, incluso la mitad de mi reino.

Salomé le preguntó a su madre: —¿Qué debo pedir?

La madre respondió: —Pide la cabeza de Juan el Bautista.

Así que Salomé fue ante el rey y le pidió la cabeza de Juan el Bautista.

Herodes le había prometido cualquier cosa y no podía romper su palabra ante su pueblo. Aunque lamentaba hacerlo, dio órdenes de que Juan fuera decapitado inmediatamente y de que su cabeza le fuera dada a la muchacha en una bandeja.

Se hizo así y Salomé llevó la bandeja a su madre.

Los discípulos de Juan vinieron por su cuerpo y lo sepultaron. Entonces fueron a contarle a Jesús.

Cuando Jesús oyó esto, se fue solo a un lugar desierto en una lancha.

El buen samaritano

Lucas 10

*U*na de las parábolas más conocidas de Jesús es acerca del buen samaritano.

Jesús estaba hablando ante una multitud cuando un abogado, con el fin de probarlo, se levantó y gritó:

—Maestro, ¿qué debo hacer para tener vida eterna?

Jesús le contestó con otra pregunta: –¿Qué está escrito en la ley?

A lo cual respondió el abogado: –Amarás al Señor sobre todas las cosas y amarás a tu vecino como a ti mismo.

Jesús le dijo: –Tu respuesta es correcta. Cumple con tales preceptos y tendrás vida eterna.

No satisfecho con esto, el hombre volvió a preguntar: –¿Pero quién es mi vecino?

Jesús respondió contando esta historia:

–Un hombre que iba de Jerusalén a Jericó fue asaltado por unos ladrones que le quitaron su ropa, lo golpearon y lo dejaron por muerto. Llegó un sacerdote por el camino, lo vio y pasó de largo. Vino un segundo hombre, lo vio tirado y tampoco se detuvo.

Entonces pasó un samaritano por el camino y vio al hombre. Se le acercó y lo ayudó. Puso vendajes sobre sus heridas, lo subió a su animal, lo llevó a una posada y lo atendió.

Cuando llegó el momento de partir, el samaritano le dio al posadero algo de dinero para que cuidara del hombre, agregando:

–Si gasta usted más le pagaré a mi regreso.

Ahora les pregunto –dijo Jesús–, ¿quién se portó en verdad como un vecino con el hombre que fue robado?

El abogado respondió: –El que mostró misericordia y le ayudó.

Entonces Jesús dijo: –Ve y haz lo mismo.

La resurrección de Lázaro
Lucas 10, Juan 11

De tiempo en tiempo, Jesús visitaba a dos hermanas llamadas María y Martha.

Un día, Jesús se enteró de que Lázaro, el hermano de ambas, estaba muy enfermo.

Para el momento en que Jesús llegó a Betania, Lázaro ya había muerto y hacía cuatro días que lo habían sepultado.

Martha se encontró con Jesús en el camino y le dijo:

–Mi hermano no habría muerto si hubieras estado aquí. Sé que cualquier cosa que le pidas a Dios se te concederá.

Jesús habló: –Tu hermano volverá a levantarse.

Martha quedó intrigada y dijo: –Sé que se levantará el último día.

Jesús volvió a tomar la palabra, diciendo:

–Soy la resurrección y la vida. El que crea en mí vivirá aunque esté muerto. Quienquiera que viva y crea en mí no morirá nunca. ¿Crees en esto?

Martha respondió: –Sí, Señor, creo que eres el hijo de Dios, el que prometieron que vendría al mundo.

Entonces Martha regresó de prisa con su hermana, diciéndole en voz baja: –El Señor ha llegado.

María fue rápidamente a encontrarse con Jesús en el camino. Los judíos la vieron salir y la siguieron, pensando que iba a la tumba de su hermano a llorar.

Cuando Jesús vio a María llorar, él también lloró. Todos los que estaban allí vieron cuánto había amado Jesús a Lázaro.

Jesús se dirigió hacia la cueva donde Lázaro estaba sepultado. Había una piedra que la cerraba. Él dijo: –Quiten esta piedra.

Le contestaron: –Pero ya lleva cuatro días de muerto y apesta.

Jesús respondió: –Si creen, verán la gloria de Dios.

La piedra fue quitada. Jesús levantó los ojos al cielo y dijo:

–Padre, gracias por oírme. Sé que tú siempre escuchas, pero deseo que la gente sepa que tú me has enviado.

Entonces exclamó en voz alta: –¡Lázaro, levántate y anda!

El muerto salió. Sus manos y pies estaban cubiertos con tela y su rostro estaba envuelto. Jesús ordenó que le quitaran las mortajas para que Lázaro pudiera moverse con facilidad.

Jesús sabía que mucha gente creería en él si veían que, en nombre de Dios, podía hasta resucitar a los muertos.

El reino del cielo el día del juicio

Mateo 25, Lucas 21

*J*esús habló a sus seguidores acerca del reino del cielo, diciendo:

—El reino del cielo puede compararse con diez novias que fueron a encontrarse con el novio. Cinco tontas llevaron lámparas consigo, pero olvidaron el aceite, y cinco sabias llevaron aceite con sus lámparas.

El novio no llegó hasta la medianoche. Entonces las diez novias salieron apresuradamente con sus lámparas. Las tontas le pidieron aceite a las sabias, pero éstas respondieron: —Entonces no habría suficiente para ninguna de nosotras, vayan y consigan algo para ustedes.

De modo que el novio y aquéllas que estaban listas fueron al banquete de bodas. Cuando llegaron las otras, la puerta estaba cerrada.

Por tanto digo: observen y estén listos, pues nadie sabe cuándo llegará el día o la hora. Cuando venga el Hijo del Hombre, todos los ángeles vendrán con él y se sentará en un trono glorioso. Separará a todas las naciones como un pastor separa las ovejas de las cabras. Colocará a la ovejas a su derecha y las cabras a su izquierda.

Luego le dirá a las ovejas:

—Vengan, ustedes son las bendecidas de mi Padre, hereden el reino que se preparó para ustedes desde el comienzo del mundo. Yo tenía hambre y ustedes me alimentaron, tenía sed y ustedes me dieron de beber, estaba desnudo y ustedes me dieron ropas, yo era un extraño y ustedes me dieron la bienvenida, estaba enfermo y ustedes me cuidaron, estaba en prisión y ustedes me visitaron.

Los virtuosos preguntarán: –¿Cuándo hicimos esas cosas?

Y el rey dirá: –Al hacerlo con cualquiera de mi pueblo, fue como si lo hubieran hecho conmigo.

Entonces se volverá hacia las que están a su izquierda y las alejará, diciendo:

–Ustedes entrarán en el fuego eterno, pues yo tenía hambre y ustedes no me dieron ningún alimento, tenía sed y no me dieron nada de beber, estaba desnudo y no me dieron ropas, era un extraño y no me recibieron, estaba enfermo y en prisión y ustedes no vinieron a darme la mano.

Ellos también preguntarán: –Señor, ¿cuándo hicimos esas cosas?

De nuevo el Hijo del Hombre, el rey, responderá:

–Tal como no lo hicieron ni para el más humilde de mi pueblo, fue como si no lo hicieran conmigo.

Entonces los perversos sufrirán el castigo eterno, y los rectos entrarán en la vida eterna.

Después de decir todo esto, se dirigió a sus discípulos:

–Ustedes saben que en dos días se celebrará la fiesta de Pascua. Entonces el Hijo del Hombre será crucificado.

La conspiración de Pascua

Mateo 26, Marcos 14, Lucas 22, Juan 12

*E*n Betania, seis días antes de la Pascua, una mujer fue con Jesús llevando una vasija llena de aceite muy costoso. Ella lo untó sobre la cabeza y el cuerpo de Jesús, mientras se encontraba recostado sobre una mesa.

Algunos pensaron que el ungüento se desperdiciaba y dijeron:

—Este aceite podría haberse vendido, pues era muy fino. Y podríamos haber dado el dinero a los pobres.

Pero Jesús respondió: —Déjenla en paz. Ella ha hecho algo bello para mí. Los pobres siempre estarán con ustedes, pero a mí no siempre me tendrán. Ella ha preparado mi cuerpo para la sepultura. Lo que ella ha hecho será contado dondequiera que se predique el evangelio.

Dos días antes de la Pascua, los ancianos, sacerdotes y escribas se reunieron ante el sumo sacerdote. Hablaron acerca de cómo podrían capturar a Jesús, pues se había vuelto un líder peligroso, ya que mucha gente creía en sus enseñanzas y en los milagros que había realizado.

Decidieron que nada podría hacerse el día de la fiesta, ya que miles de peregrinos estarían en Jerusalén y mucha de esta gente creía en él y provocarían un levantamiento.

Entonces Judas Iscariote, uno de los doce discípulos, se presentó ante los sacerdotes más importantes y preguntó:

—¿Qué me darán si les traigo a Jesús?

Convinieron en pagarle treinta monedas de plata. A partir de ese momento, Judas vigiló esperando la oportunidad de traicionar a Jesús.

La última cena

Mateo 26, Marcos 14, Lucas 22, Juan 13

*E*l primer día de la Pascua, Jesús envió a dos de sus discípulos a la ciudad para preparar la fiesta del pan ázimo.

Cuando llegó la noche, Jesús se sentó con los doce apóstoles. Al empezar a comer, tomó el pan y, después de bendecirlo, lo partió y se los dio, diciendo:

–Tomen y coman de él, porque éste es mi cuerpo. Háganlo en conmemoración mía.

Entonces tomó la copa, dio gracias y habló así: –Beban todos de la copa, pues ésta es mi sangre que será derramada por muchos para el perdón de los pecados.

Después de la cena, Jesús se levantó de la mesa y puso agua en una bandeja. Arrodillándose, comenzó a lavar los pies de los apóstoles y luego los secó con una toalla.

Cuando terminó de lavarles los pies, Jesús se sentó de nuevo en su lugar y les dijo:

–Ustedes me llaman Señor y maestro. Si yo, su Señor y maestro, les he lavado los pies, ustedes deben lavar los pies de los demás. Un sirviente no es más grande que su patrón, y el enviado no es mejor que el que lo envía.

Entonces Jesús les habló de la Escritura, diciendo:

–Se ha escrito que el que coma el pan conmigo se levantará en mi contra. Así que les digo que uno de ustedes me traicionará.

Los doce se miraron unos a otros y uno de ellos se inclinó hacia Jesús y le preguntó: –Señor, ¿quién es él?

Jesús respondió: –Es al que le daré un pedazo de pan.

Entonces remojó un pedazo de pan en un tazón y se lo dio a Judas Iscariote.

Cuando Judas tomó el pan, Satán entró en él.

Jesús dijo: –Haz lo que tengas que hacer y hazlo rápidamente.

Cuando Judas se fue de allí, Jesús dijo:

–Estaré con ustedes sólo un poco más. Al lugar al que voy, ustedes no pueden ir, pero vendrán más tarde.

Les daré otro mandamiento: Ámense los unos a los otros. Por esto, todos sabrán que son mis discípulos.

No permitan que sus corazones se acongojen. Crean en Dios y también en mí. En la casa de mi padre hay muchas habitaciones y yo voy a preparar un lugar para ustedes. Entonces volveré y los llevaré conmigo.

Tomás preguntó: –No sabemos a dónde vas, ¿cómo podremos saber el camino?

Jesús respondió: –Yo soy el camino, la verdad y la vida. El camino al Padre es a través de mí. Si me han conocido, también han conocido a mi Padre.

Aunque los deje, no los dejo solos. Cuando el mundo no me vea ya, otro estará con ustedes para siempre: el espíritu de la verdad. El Espíritu Santo les enseñará todas las cosas y les recordará lo que les he enseñado.

En poco tiempo ya no me verán. Luego, cuando pase algún tiempo, me volverán a ver.

Sus discípulos no comprendieron, así que Jesús explicó:

–Llorarán y guardarán luto; luego su pena se volverá alegría. Yo vine del Padre y voy al Padre. Si le piden algo, Él se los concederá en mi nombre. Pidan y recibirán.

Ha llegado la hora de que me quede solo. Pero no estaré solo, pues el Padre estará conmigo. Les digo esto para que tengan paz.

Entonces levantó los ojos al cielo, diciendo:

–Padre, ha llegado la hora. Glorifica a tu hijo para que el hijo pueda glorificarte. He dado tu palabra al mundo, y ahora voy a orar por todos los que creen en mí.

El jardín de Getsemaní

Mateo 26-27, Marcos 14, Lucas 22, Juan 18

---

*D*espués de que Jesús habló a sus discípulos del amor y del Espíritu Santo, cantaron un himno y se dirigieron al Huerto de los Olivos.

Ahí Jesús les dijo: –Esta noche ustedes me dejarán.

Pedro dijo: –Aunque deba morir contigo, nunca te negaré–. Y los demás estuvieron de acuerdo.

Cruzaron un arroyo y llegaron a un jardín llamado Getsemaní, donde Jesús les dijo que se quedaran mientras él iba a orar.

Llevó a Pedro, Santiago y Juan y les dijo: –Estoy lleno de tristeza y congoja. Quédense conmigo y observen.

Cuando regresó con sus discípulos, éstos estaban dormidos. A Pedro le dijo:

–¿No pudieron esperarme ni una hora? Vigilen y oren por no caer en la tentación. El espíritu está dispuesto, pero la carne es débil.

Jesús se fue a orar y regresó una segunda vez. Ocurrió lo mismo. Al regresar por tercera vez los encontró todavía dormidos, y dijo:

—¿Aún están durmiendo? Ha llegado el momento en que seré traicionado. Levántense.

Mientras estaba hablando, llegó Judas acompañado de gentes que llevaban espadas y garrotes. Judas les dijo: —Al hombre que yo bese es al que deben capturar.

Entonces fue con Jesús y lo besó. Entonces los hombres que iban con Judas lo apresaron.

Simón Pedro sacó su espada y atacó al sirviente del sumo sacerdote, cortándole la oreja.

Jesús exclamó:

—¡Guarda tu espada! Aquellos que usan la espada morirán por la espada. Estoy listo para cumplir la voluntad de mi padre.

Tras decir esto, tocó la oreja del hombre y éste se curó.

Luego lo llevaron preso a la casa de Caifás, el sumo sacerdote, donde se habían reunido los ancianos y los escribas.

Todos los discípulos huyeron, menos Pedro, que los seguía de lejos. Se sentó dentro del patio con los guardias.

Los sacerdotes principales llamaron a testigos a declarar en contra de Jesús, pero el Consejo no encontró nada por lo que mereciera la pena de muerte.

Finalmente dos testigos falsos lo acusaron, diciendo: —Este hombre dijo que destruiría el templo de Dios y que lo reconstruiría en tres días.

El sumo sacerdote le preguntó a Jesús si no tenía respuesta para lo que habían dicho los hombres, pero Jesús guardó silencio.

Luego le preguntó: —Ahora te pido que nos digas si eres el Cristo, el hijo de Dios.

Jesús respondió: —Usted lo ha dicho. En los días por venir, el Hijo del Hombre estará a la derecha del Padre sobre las nubes del cielo.

El sumo sacerdote declaró: —Este hombre ha dicho una blasfemia. No necesitamos más testigos. Ya lo han oído. ¿Cuál es su veredicto?

Ellos contestaron: –Merece morir.

Cuando Judas vio que Jesús había sido condenado, lamentó lo que había hecho. Llevó las treinta monedas de plata a los ancianos y sacerdotes, diciendo:

–He pecado. He ocasionado que se condene a un inocente.

Ellos respondieron: –Ese es asunto tuyo. Los testigos han hablado.

Judas arrojó las monedas al suelo. Luego salió y se ahorcó.

Jesús y Poncio Pilatos

Mateo 26, Marcos 15, Lucas 23, Juan 18

*J*esús fue atado y conducido con el gobernador romano, Poncio Pilatos, a quien dijeron:

–Este hombre está causando problemas. Dice que es el Cristo, el rey.

Pilatos preguntó a Jesús: –¿Eres el rey de los judíos?

Jesús respondió: –Usted lo ha dicho. ¿Pregunta esto por sí mismo o porque otros lo han dicho?

Pilatos dijo: –Tu propio pueblo te ha traído a mí y te acusan.

Jesús habló, diciendo: –Usted dice que soy rey, pero mi reino no está en este mundo. Vine aquí a hablar y mostrar la verdad. Todo el que crea en la verdad cree en mí y me escucha.

Pilatos preguntó a los sacerdotes: –¿Por qué no lo juzgaron según sus propias leyes?

Los sacerdotes contestaron: –Porque va en contra de la ley romana que sentenciemos a un hombre o le demos muerte.

Pilatos declaró: –No encuentro culpa en este hombre.

Pero los sacerdotes hablaron de nuevo: –Este galileo agita a la gente, enseñando y predicando por toda Judea.

Pilatos habló a los sacerdotes y escribas, diciendo: –Es costumbre en esta época del año que el gobernador libere a un prisionero al que nombre la multitud. ¿Debo liberar a Jesús para ustedes?

Ellos respondieron: –A Jesús no, sino a Barrabás–. Barrabás era un asesino y ladrón, y el gobernador no comprendió.

Así que les volvió a preguntar y la multitud respondió: –Libera a Barrabás.

–¿Qué se hará con Jesús? –preguntó Pilatos.

Para ese momento se había reunido una gran multitud. Respondieron: –¡Clávalo en una cruz! ¡Que sea crucificado!

Entonces Pilatos tomó un cuenco con agua y se lavó las manos en él, diciendo:

–Me lavo las manos de la sangre de este hombre. Soy inocente de ocasionar su muerte.

Luego, frente a la multitud, Pilatos sentenció a Jesús a morir en la cruz y liberó a Barrabás.

La Crucifixión
Mateo 27, Marcos 15, Lucas 23, Juan 19

*P*oncio Pilatos, el gobernador romano de Judea, ordenó que sus soldados prepararan a Jesús para ser crucificado.

Los soldados lo vistieron con una túnica y una corona de espinas. Se burlaban de él arrodillándose a sus pies y diciendo: —¡Inclínense ante él pues es el rey de los judíos!

Lo llevaron al Gólgota. En el camino capturaron a un hombre que venía del campo, Simón de Cirene. Le dieron la pesada cruz para que la cargara, y él caminó detrás de Jesús hacia la colina llamada Calvario. Detrás de ellos iba un gran número de gente.

Cuando llegaron a la colina, Jesús fue crucificado junto a dos criminales, uno a su derecha, otro a su izquierda.

Sobre la cabeza de Jesús clavaron un letrero en que estaba escrito: "Rey de los judíos".

En medio de un gran dolor, Jesús dijo: —Padre, perdónalos porque no saben lo que hacen.

Después de que lo crucificaron, los soldados le quitaron la túnica y dijeron: —Juguemos a las suertes y el que gane se quedará con ella.

Cerca de la cruz estaba María, su madre. El discípulo Juan la acompañó a su casa para reconfortarla.

Mucha gente se quedó para burlarse de Jesús en la cruz, lanzando voces y gritando:

–Si eres en verdad el hijo de Dios, baja de ahí. Tú salvaste a otros, ¿no puedes salvarte tú mismo? Si eres el rey de los judíos, baja y te creeremos. Tú confiaste en Dios, ¿dónde está Él ahora?

Desde el mediodía hasta la tarde la tierra se cubrió de oscuridad.

Entonces Jesús gritó con voz potente: -¡Dios mío, Dios mío, ¿por qué me has abandonado?

Muerte y sepultura de Jesús

Mateo 27, Marcos 15, Lucas 23, Juan 19

*E*n el momento en que Jesús murió, la oscuridad cubrió la tierra y comenzó un gran terremoto. La tierra se sacudió, las rocas se partieron y la pared del templo se rompió a la mitad.

Cuando el guardia romano vio y oyó todo esto, alabó a Dios y dijo: –Seguramente este hombre era inocente.

El día siguiente era sábado, así que la gente pidió a Pilatos que retirara los cuerpos para sepultarlos antes de dicho día.

Cuando los soldados llegaron para bajar el cuerpo de Jesús, uno de ellos atravesó su costado con una lanza, haciendo que brotara sangre y agua. José de Arimatea recibió permiso de Pilatos para enterrar el cuerpo de Jesús. Acompañado de María y María Magdalena, José envolvió el cuerpo en una sábana blanca y lo colocó en una tumba tallada en la roca. Hizo rodar una piedra grande hasta la puerta del sepulcro y regresaron a casa la víspera del sábado.

Al día siguiente, los sacerdotes principales y los fariseos pidieron a Pilatos que enviara unos soldados a vigilar la tumba.

La resurrección

Mateo 28, Marcos 19, Lucas 24, Juan 20

*E*l domingo, María y María Magdalena fueron a sentarse ante el sepulcro de Jesús. Temprano esa mañana un ángel del Señor había aparecido y había hecho rodar la piedra lejos de la tumba.

Cuando los guardias vieron al ángel vestido con ropa tan blanca como la nieve, se desmayaron del miedo.

El ángel habló con las mujeres, diciendo: −No teman. Jesús ya no está aquí, se ha levantado. Vayan rápidamente y cuenten a sus discípulos que ha ido a Galilea. Ustedes lo verán ahí.

Ellas se alejaron de la tumba, abrumadas de una mezcla de temor y alegría. En medio del camino, Jesús se apareció ante ellas. Las mujeres hicieron una reverencia y lo adoraron. Él dijo: −Digan a mis apóstoles que vayan a Galilea.

Los apóstoles estaban escondidos en una casa pues temían a los judíos. El domingo en la tarde Jesús se presentó ante ellos, diciendo: −Que la paz esté con ustedes.

Sus discípulos se aterrorizaron, creyendo que habían visto a un espíritu. Pero Jesús les mostró sus manos y pies y les dijo: −Un espíritu no tiene carne y huesos como los tengo yo.

Ellos aún no lo creían, pero se regocijaron y maravillaron.

Tomás, uno de los apóstoles, no había estado con ellos cuando Jesús apareció por primera vez. Él dudaba que Jesús estuviera en verdad vivo, diciendo: −No lo podré creer a menos que toque sus manos y palpe la herida de su costado.

Ocho días más tarde, todos los apóstoles se hallaban reunidos. Jesús vino a ellos y les dijo: −Que la paz esté con ustedes−. A Tomás le dijo: −Pon el dedo en mis manos, toca mi costado.

Tomás respondió, diciendo: –Mi Señor y mi Dios.

Jesús le dijo: –Tú crees porque me ves. Dichosos los que creen sin haberme visto.

La ascensión y el regalo del Espíritu Santo

Mateo 28, Marcos 16, Lucas 24, Actas 1, 2

*J*esús habló a sus discípulos durante cuarenta días acerca del reino de Dios. También les dijo: –Juan bautizaba con agua; dentro de poco, ustedes serán bautizados con el Espíritu Santo. Entonces tendrán poder. Se les dará toda la autoridad en el cielo y la tierra.

–Vayan a todas las naciones, haciéndolas seguidoras mías y bautizándolas en el nombre del Padre, del Hijo y del Espíritu Santo. Enséñenles todo lo que les he predicado, pues yo estaré con ustedes para siempre hasta el fin de los días.

Entonces Jesús condujo a sus discípulos a Betania, levantó las manos y los bendijo. Mientras estaba dando su bendición, fue llevado hacia arriba en medio de una nube.

Ahora había doce apóstoles, pues Matías había sido elegido para tomar el lugar del traidor Judas. Cincuenta días después de la Pascua, en la fiesta de la primera cosecha, también llamada Pentecostés, los doce estaban orando.

Súbitamente se oyó el sonido de un viento que se precipitaba dentro de la casa. Aparecieron lenguas de fuego que se posaron sobre cada uno de los apóstoles. Entonces todos se llenaro del Espíritu Santo y comenzaron a hablar en diferentes idiomas, de modo que pudieron llevar la palabra de Dios a todos los sitios de la tierra.

ÍNDICE

ANTIGUO TESTAMENTO

NUEVO TESTAMENTO